TABLEAU

DE

LA CONSTITUTION

FRANÇOISE.

TABLEAU

DE

LA CONSTITUTION FRANÇOISE;

PAR M. L. D. D. L. V.

IMPRIMÉ EN 1816.

NOUVELLE ÉDITION.

A PARIS,

DE L'IMPRIMERIE DE P. DIDOT L'AINÉ,

IMPRIMEUR DU ROI ET DE LA CHAMBRE DES PAIRS.

M. DCCCXVII.

6 8bre 1813

Monsieur le duc

Je ne puis tarder vous exprimer ma reconnaissance de l'obligeant envoy que vous venez d'avoir la bonté de me faire — j'ai lu avec la plus grande attention vos deux ouvrages, ils sont aussi profondément pensés que fortement exprimés, et il serait bien à desirer que cet heureux langage de la raison prît enfin la place de celui des passions, vous en donnez un digne exemple. daignez agréer l'hommage de ma gratitude celui du respect avec lequel j'ai l'honneur d'être M. le duc votre très [illegible] serviteur [illegible]

G. M. D. V.

TABLEAU
DE
LA CONSTITUTION
FRANÇOISE.

Présenter le Tableau de la Charte constitutionnelle que le Roi nous a tracée, dont chaque article porte l'empreinte d'une profonde sagesse, et dont toutes les conséquences tendent à déterminer notre plus grande prospérité, c'est développer à la nation reconnoissante la perspective assurée de son bonheur; c'est offrir au Roi les glorieux résultats de son immortel ouvrage. Ce n'est point là l'hommage de la vile adulation, c'est le juste tribut de l'impartiale vérité.

Le dernier degré de la civilisation détermine les premiers pas vers la décadence; le rapprochement des conditions, la facilité des mœurs, l'urbanité des rapports, l'assemblage de toutes les jouissances, énervent insensiblement les caractères, atténuent les principes, détériorent les institutions, et la succession des vicissitudes laisse à peine apercevoir dans le Gouvernement dégénéré quelques légères traces de son origine. Nous étions à cette époque de notre existence politique, lorsque les nouvelles lumières sur les vrais principes constitutifs et administratifs des États se sont développées: si le Gouvernement s'en étoit saisi après les avoir profondément méditées, et avoit proportionné à notre situation ces aliments, trop forts pour des organes affoiblis, nous nous serions insensiblement régénérés sans secousses violentes, et de nouveaux siècles de gloire seroient venus se joindre à ceux qui ont répandu tant d'éclat sur la France.

Plusieurs bons esprits s'en sont pénétrés et en ont apprécié toutes les conséquences; mais, dans la plupart de ceux qui les ont méditées, elles n'ont produit que des conceptions systématiques, et dans ceux qui ne les ont considérées que superficiellement, des demi-vues et des demi-idées; il n'en est résulté généralement qu'un aperçu confus de l'amélioration possible de l'avenir, et une inquiétude vague sur le présent; le conflit des pensées, des sentiments, et des desirs, a eu pour suite nécessaire la discordance dans les opinions, la dissention dans les délibérations, le choc des intérêts bien ou mal entendus, l'explosion des passions, les troubles successifs, les désastres, les bouleversements de tous les genres, toutes les horreurs de l'anarchie suivies de toutes celles du despotisme.

C'est sur un monceau de cendres et de ruines que la raison suprême a repris son empire parmi nous, a ramené l'opinion publique au système de la monarchie héréditaire et tempérée, et, par l'élan de la nation vers ses souverains légitimes, a replacé sur la tête auguste du Roi la couronne de ses pères.

Le Roi, dans sa longue solitude, avoit profondément médité, à la lueur du flambeau de l'adversité, les vrais principes de l'organisation des États, et les avoit comparés à ceux qui formèrent la première base du trône de ses augustes ancêtres. — Ses premiers regards sur la France n'aperçurent aucun de ces grands contre-poids dont le trône étoit environné, tous les éléments en étoient dispersés et détruits; il se pénétra de l'impossibilité de les rassembler et de les créer de nouveau. — Comment, en effet, après vingt-cinq ans d'anéantissement de toutes les institutions anciennes, d'une transmission successive de formes nouvelles et de confusion générale, même dans les souvenirs, ressusciter tout-à-coup les états généraux, les parlements, le clergé, les grands, les petits pays d'états, les diverses corporations, les privilèges de toute espèce; et, si le rétablissement des noms plus que des choses avoit été même possible, l'eût-il été de rendre leur influence à ces grands contre-poids, dont l'insuffisance, graduée par la série de nos vicissitudes, avoit amené une évidente décadence! — Quel choc n'auroit pas eu lieu entre les anciennes idées et les nouvelles habitudes de vingt-cinq millions d'hommes pendant vingt-cinq ans, entre les préventions, les préjugés, les grands comme les petits intérêts et les passions de toute espèce! — L'exécution d'une telle détermination auroit évidemment rencontré des obstacles insurmontables et nous auroit infailliblement replongés dans un nouveau chaos. — Le Roi a dit: — La nation françoise a toujours eu le droit de jouir de la liberté sous la protection des lois vengeresses de la licence, elle a toujours eu le droit de concourir à la confection des lois et à l'établissement de l'impôt: la jouissance de ces droits entraîne nécessairement l'assurance de la liberté individuelle déterminée par la loi, de la liberté de la presse, contenue par des lois répressives, de la liberté des cultes, de l'égalité des droits devant la loi, de la proportionnalité de l'impôt, du maintien des propriétés, de l'inviolabilité de la dette publique; mais la reconnoissance de tous ces grands principes seroit vaine, si elle n'étoit maintenue par des formes qui en assurassent la garantie. — Tous les anciens contre-poids sont détruits, et ne peuvent plus se reproduire. — La raison suprême me prescrit de n'adopter que ceux qui peuvent aujourd'hui fonder la régénération françoise sur les bases mêmes de notre antique monarchie, en les proportionnant à l'accroissement des lumières et à la diversité des intérêts; telle a été la grande pensée du Roi. — Quelle en est l'expression? — La Charte constitutionnelle.

Le pouvoir royal et le concours des deux Chambres en déterminent l'essence, le maintien de la propriété et de la liberté en est l'objet.

La puissance législative s'exerce collectivement par le Roi, la Chambre des Pairs et la Chambre des Députés des départements.

La Chambre des Pairs héréditaires offre tout à-la-fois le contre-poids et la garantie du trône, la Chambre des Députés est formée des délégués des colléges électoraux; ceux-ci se composent des propriétaires les plus intéressés à la conservation de la propriété et de la liberté; la loi primitive de leur formation existe puisqu'elle n'a pas été abrogée, et que par l'article LXVIII de la Charte toute loi préexistante qui n'a pas été révoquée est maintenue (1).

(1) La Charte, par l'article XXXV, décrétoit en même temps la nécessité d'une loi ultérieure sur l'organisation des Colléges électoraux. — Elle a été proposée, adoptée et sanctionnée le 5 février 1817. — Cette loi est l'expression même de la Charte et la conséquence immédiate et nécessaire du premier article de notre Code constitutionnel. *Tous les François sont égaux devant la Loi, quelque soient leurs rangs et leurs titres.* — Elle proclame le droit commun à tous d'élire leurs représentants, et ne borne, par une mesure évidemment conservatrice de l'ordre et de l'harmonie générale, la faculté de l'exercer qu'en laissant à chacun celle de l'acquérir. La promulgation de cette loi

Le Roi a la faculté de dissoudre la Chambre des Députés lorsqu'il le juge convenable; son renouvellement dans l'état habituel s'opère par les moyens les plus propres à maintenir la tranquillité publique. Les conditions de l'élection, développées dans les articles XXXVI, XXXVII, XXXVIII et XL, paroissent toutes les plus conformes à notre caractère, à nos mœurs, à nos habitudes et aux principes conservateurs d'une monarchie tempérée.

Elles appellent tous ceux qui, par leur fortune, leur éducation présumée et la maturité de leur âge, ont la véritable aptitude à

---

a inspiré la confiance générale dans un Gouvernement dont la sage prévoyance a si franchement manifesté les intentions les plus tranquillisantes; son accomplissement provoqué par le Monarque régénérateur qui l'a proposé et sanctionné, et la favorable expérience qui vient d'en être faite, cimenteront invariablement sur les bases mêmes de la liberté politique, celle de la plus étendue, comme de la plus solide puissance.

l'exercice des droits politiques; elles n'amènent dans les assemblées qu'un nombre suffisant d'individus intéressés au maintien de la propriété générale, et elles en écartent une foule nécessairement tumultueuse qui menaceroit sans cesse de devenir inquiétante.

Trois principes fondamentaux forment les bases essentielles de notre Constitution. — Le Roi propose la loi. — Le roi est le chef suprême de l'État. — Le pouvoir judiciaire est indépendant.

Le Roi propose la Loi.

Le Roi, entouré des sages ordonnances et des lois salutaires de ses augustes prédécesseurs, conçoit l'idée d'une loi nouvelle, ou l'un de ses Ministres la lui propose; le Conseil est assemblé pour en considérer le premier aperçu; il est ensuite adressé à un comité de législation, chargé de le comparer aux lois anciennes, et d'en apprécier les motifs et l'utilité : — ce comité lui donne la forme d'un projet de loi, et il reparoît entièrement rédigé sous les yeux du Roi et de ses Ministres, qui, après un nouvel examen, l'adressent aux Chambres, dont les fonctions constitutionnelles consistent à donner leur assentiment, à le lui refuser ou à proposer des changements qui en modifient les dispositions.

La Chambre qui reçoit le projet de loi doit d'abord l'envoyer dans ses bureaux pour y être discuté, conformément au règlement particulier fait pour chaque Chambre; après cette première discussion il est mis en délibération, soit sans nomination préalable d'une commission; soit sur le rapport de la commission nommée; si le projet de loi est adopté, il retourne au Roi revêtu de l'adoption dans les formes prescrites par le règlement sur les communications des Chambres avec le Roi et entre elles, le Roi l'envoie à l'autre Chambre, qui, si elle l'adopte également, le lui fait parvenir dans les mêmes formes.

Si le projet de loi envoyé à l'une des Chambres n'y est pas adopté, il n'y a lieu à aucun message vers le Roi, ni à aucune mention sur les registres, et ce n'est que par un silence absolu que le rejet s'opère. La Chambre ne peut pas substituer au projet envoyé par le Roi un système de loi contraire, mais prendre une résolution séparée portant supplique au Roi de le proposer. — S'il en étoit autrement, l'équilibre constitutionnel pourroit être ébranlé, des déviations successives améneroient une usurpation funeste sur le pouvoir royal, et la concentreroient dans une Chambre qui deviendroit par-là vraiment le siége du Gouvernement.

S'il est fait une proposition d'amendement au projet de loi, cette proposition doit être d'abord, comme le projet lui-même, renvoyée et discutée dans les bureaux, et après cette discussion mise en délibération; si elle est adoptée, elle ne doit pas être insérée dans le projet de loi, mais prendre la forme d'une résolution portant supplique au Roi de proposer ce changement; car l'amendement est évidemment une portion nouvelle de loi, et, conformément à la base fondamentale de la Constitution, c'est toujours le Roi qui doit faire la proposition.

Si l'amendement est consenti par le Roi, il le fait insérer dans le projet de loi qui est envoyé à l'autre Chambre; et, si celle-ci l'adopte, elle l'adresse dans les formes réglémentaires au Roi, qui seul peut, en le sanctionnant, lui imprimer le caractère définitif de loi, et en ordonner la promulgation.

Si le Roi n'adopte pas la proposition et persiste dans la conviction de l'utilité générale du projet de loi, il est conforme au principe essentiel de la Charte qu'après avoir fait connoître d'une manière constitutionnelle qu'il n'accepte pas l'amendement, il adresse de nouveau à la Chambre le projet de loi tel qu'il l'a proposé. — La Chambre, éclairée sur les motifs qui ont déterminé sa persévérance, peut, après un nouvel examen, cesser d'apercevoir dans un ou plusieurs articles les inconvénients dont elle avoit été frappée pendant le cours de la première délibération, et elle n'en conserve pas moins toute l'intégrité du droit de refuser son assentiment. — C'est ainsi que, sans porter la moindre altération à la faculté inhérente aux Chambres de refuser ou d'accepter, le Roi peut exercer la plénitude du pouvoir de proposer la loi, et qu'à cet article fondamental de la Constitution se coordonne l'article XLVI. — « Aucun amendement ne peut « être fait à aucune loi, s'il n'a été proposé « ou consenti par le Roi, et s'il n'a été ren- « voyé et discuté dans les bureaux. »

Les Chambres ont la faculté générale de supplier le Roi de proposer une loi nouvelle sur tous les objets quelconques de législation, soit de leur propre mouvement, soit à l'occasion d'un projet envoyé par le Roi; mais cette faculté n'est point une réciprocité d'initiative, les expressions mêmes de l'article de la Charte qui la leur confère confirment le droit exclusif de l'initiative royale, s'il en étoit autrement, l'article XVI s'exprimeroit ainsi: — « Le Roi propose la loi aux « Chambres, ou les Chambres la proposent « au Roi, » et l'article XIX deviendroit inutile (1). L'addition de cet article tel qu'il est rédigé développe donc une autre intention de la Charte; son énoncé ne détermine pas seulement toute l'étendue de la faculté conférée aux Chambres, mais aussi la forme dans laquelle elles peuvent et doivent l'exercer : ce n'est point une proposition de loi, c'est une supplique au Roi d'en proposer une; cette supplique ne doit donc pas être un projet de loi, parcequ'un projet de loi est une proposition; cette supplique doit donc se borner à appeler l'attention du Gouvernement sur un objet législatif quelconque, en développant les motifs qui portent

(1) « Les Chambres ont la faculté de supplier le Roi « de proposer une loi sur quelque objet que ce soit, « et d'indiquer ce qu'il leur paroît convenable que la « loi contienne. »

la Chambre à desirer que le Roi propose une loi à ce sujet, et en lui indiquant ce qu'il paroît convenable qu'elle contienne.—Cette supplique, émanée de l'une des Chambres, doit toujours être adressée par elle à l'autre, et ne parvenir au Roi qu'après avoir été adoptée par celle-ci, conformément à la loi réglémentaire sur les communications des Chambres avec le Roi et entre elles. — Le droit de rédaction de la loi appartient évidemment au pouvoir qui a seul le droit de la proposer. — Le Gouvernement a tous les éléments nécessaires pour préciser l'application de l'intention législative qui lui est offerte, et peut, à leur aide, faire toutes les combinaisons essentielles aux rapports généraux et particuliers de la législation, et les coordonner aux rapports administratifs de son attribution exclusive.

Quelle sagesse a présidé à ce développement de notre Charte, et accompagne les différents degrés de la confection de la loi, depuis sa première conception jusqu'à sa promulgation (1).

Le Roi est le chef suprême de l'État.

« La personne du Roi est inviolable et sa-« crée; les Ministres sont responsables. — « Au Roi seul appartient la puissance exé-« cutive. »

« Le Roi a le droit de faire grace et de « commuer les peines, commande les forces « de terre et de mer, déclare la guerre, fait « les traités de paix, d'alliance et de com-« merce, nomme à tous les emplois d'admi-« nistration publique, et fait les réglements « et ordonnances nécessaires pour l'exécu-« tion des lois et la sûreté de l'État. »

Ces dispositions de la Charte circonscri-

(1) Tous ces développements des articles XVI et XIX de la Charte ne sont que des opinions particulières de l'auteur, qui résultent d'une suite de méditations sur cette loi salutaire.

vent tout à-la-fois les attributions du Roi et celles des Chambres. — Les Chambres ne sont que colégislatives, leur assentiment est nécessaire à la confection des lois, les réglements et ordonnances à rendre pour leur exécution forment l'attribution exclusive du Roi ; son pouvoir, toujours fondé sur la loi, ne peut plus rencontrer ces obstacles si nuisibles qui, dans l'ancien ordre des choses, s'opposoient souvent à l'activité de son action ; son exclusive attribution lui donne la plus grande, la plus heureuse latitude pour opérer le bien et prévenir le mal.

Indépendance de l'Ordre judiciaire.

« Toute justice émane du Roi ; elle s'ad-« ministre en son nom par des juges qu'il « nomme et qu'il institue. — Les juges nom-« més par le Roi sont inamovibles. » — Cette disposition fondamentale, qui n'est que le renouvellement de notre ancienne institution, détermine la sécurité également nécessaire aux justiciables dans tous leurs rapports sociaux, et aux magistrats dans l'exercice de leurs fonctions.

A ces trois grandes bases de la Charte : — Proposition de la loi par le Roi, — Attribution exclusive du Roi, — Indépendance de l'ordre judiciaire, se rattachent les autres principes fondamentaux qui en constituent l'essence.

L'égalité des Droits devant la Loi.

« Les François sont égaux devant la loi, « quels que soient d'ailleurs leurs titres et « leurs rangs. — Nul ne peut être distrait de « ses juges naturels. — Il ne pourra être créé « de commission et tribunaux extraordinai- « res. — Les François contribuent indistinc- « tement, dans la proportion de leur for- « tune, aux charges de l'État. — Ils sont tous « également admissibles aux emplois civils « et militaires. »

La Charte, en établissant ces principes

généraux, en détermine en même temps quelques exceptions qui deviennent elles-mêmes des lois, puisqu'elles font partie de la loi fondamentale.

Première exception.

Les Ministres, en vertu du principe général, peuvent être poursuivis par-devant les tribunaux pour tous les actes personnels contraires à la loi. — En vertu de l'exception, la Chambre des Députés a le droit de les accuser et de les traduire devant la Chambre des Pairs, qui seule a le droit de les juger.

Les Ministres ne peuvent sans doute refuser aux Chambres aucune des notions qu'elles peuvent avoir besoin de leur demander, tendantes à les éclairer dans la délibération du vote de l'impôt, et à leur offrir par-là la complète assurance de l'emploi des fonds destinés à l'administration de leurs ministères; mais ils ne peuvent être accusés que pour fait de trahison ou de concussion : des lois particulières doivent préciser les différents genres de trahison et de concussion dont ils peuvent devenir coupables (1).

Deuxième exception.

« Aucun Pair ne peut être arrêté que de « l'autorité de la Chambre, et jugé que par « elle en matière criminelle.

« La Chambre des Pairs connoît des cri- « mes de haute trahison, et des attentats « contre la sûreté de l'État, qui seront dé- « finis par la loi. »

La Chambre des Pairs étant revêtue de

(1) La Chambre de MM. les Députés de 1814 avoit préparé un grand travail sur cette importante matière, qu'elle a transmis à la Chambre des Pairs les derniers jours de la session. Il paroît difficile de préciser avec plus de clarté et de netteté les différents cas qui, conformément au texte de la Charte, rendent les Ministres susceptibles d'accusation.

fonctions politiques qui ne lui permettent pas d'être un tribunal criminel permanent, il est nécessaire que la compétence qui lui est attribuée par cet article de la Charte sur les crimes de trahison et d'attentats contre la sûreté de l'État, soit bornée par une loi qui précise les crimes et les attentats dont elle doit connoître, ainsi que les formes qu'elle doit suivre dans l'exercice de ses fonctions judiciaires.

Troisième exception.

« Aucune contrainte par corps ne peut être « exercée contre un membre de la Chambre « des Députés durant la session, et dans les « six semaines qui l'auront précédée ou sui- « vie.

« Aucun membre de la Chambre ne peut, « pendant la durée de la session, être pour- « suivi ni arrêté en matière criminelle, sauf « le cas de flagrant délit, qu'après que la « Chambre a permis sa poursuite. »

Quatrième exception.

« Ne sont pas comprises sous la dénomi-
« nation des tribunaux extraordinaires les
« juridictions prévôtales, si leur rétablisse-
« ment est jugé nécessaire. »

Ce n'est évidemment que dans des temps orageux, et par la promulgation d'une loi, que ce rétablissement peut avoir lieu; il s'ensuit nécessairement qu'il doit toujours être temporaire.

Liberté individuelle.

La loi de la liberté individuelle est une loi constitutive de notre antique monarchie: reconnue dans toutes les époques par la sagesse de nos Rois, elle a été religieusement défendue par toutes les institutions servant de préservatif aux abus qui pouvoient émaner des dépositaires de l'autorité, notamment par les parlements, qui y ont attaché leur gloire.

L'article IV de la Charte constitutionnelle en est la confirmation : — « La liberté individuelle est également garantie, personne « ne pouvant être poursuivi ni arrêté que « dans les cas prévus par la loi, et dans la « forme qu'elle prescrit. »

Cette loi, si digne de la vraie majesté des Rois, et si nécessaire à l'existence des nations, doit cependant recevoir des exceptions dans les temps orageux. Mais, si les mesures qu'ils peuvent nécessiter se prolongeoient au-delà du besoin réel, elles cesseroient d'être un remède, et deviendroient un mal nouveau. C'est dans cette vue que la loi rendue sur les mesures de sûreté générale, dont l'extension paroît avoir été essentiellement déterminée par l'importance des inquiétudes, ne doit avoir, conformément aux assurances qu'elle exprime, qu'un terme provisoire, ainsi que celle de l'établissement des juridictions prévôtales.

Dans l'état ordinaire des choses, le pouvoir conféré au Roi par l'article XIV de la

Charte, de faire tous les réglements nécessaires à la sûreté de l'État, suffit pour donner à la haute police, sous la responsabilité du Ministre, toute l'action qui peut être nécessaire au maintien de la tranquillité publique. —Le Ministre de la police est le dépositaire nécessaire de ce pouvoir ; il doit en user avec sagesse et courage ; avec sagesse, en ne l'exerçant que par des motifs dont sa conscience lui assure la conformité avec les intérêts du salut public ; avec courage, en ne craignant pas, lorsqu'il sera nécessaire, de le faire connoître à ceux envers qui il est responsable.

La liberté de la culture, du commerce et de l'industrie, qui dérive de la liberté individuelle, ne peut être restreinte ni assujettie à aucune charge que par la loi protectrice de tous les intérêts.

Liberté de la presse.

La liberté de la presse est une conséquence nécessaire de la liberté individuelle, et forme, ainsi que le droit de pétition, l'essence des gouvernements représentatifs. — Elle assure à tous les individus la faculté de publier et de faire imprimer leurs opinions en se conformant aux lois qui doivent réprimer les abus. — L'art. VIII de la Charte constitutionnelle la décrète d'une manière irrévocable, le droit est établi, la jouissance est assurée, c'est pour nous un dogme politique qui ne peut plus donner lieu à aucunes discussions, elles sont également épuisées sur la doctrine d'une censure préalable. — L'abus suppose la jouissance, comme le dit si judicieusement M. de Malesherbes, ce n'est qu'en le punissant qu'il doit être en même temps réprimé et prévenu; il ne doit donc plus être question que du mode de réprimer les abus, et de la forme de procéder contre ceux qui se les sont permis.

Les lois répressives exigent la plus profonde méditation; ce sont elles qui déterminent vraiment le maintien, et complétent le système de la liberté, dont l'abus deviendroit nécessairement la destruction; mais la forme de procéder ne doit compromettre aucun des droits garantis par la Charte.

Liberté des Cultes.

Le système d'une sage et bienfaisante tolérance, si conforme à la justice essentielle à la raison, et à l'humanité, devient un article fondamental de la Charte : les erreurs cesseront d'être des crimes, et la diversité d'opinion religieuse ne produira plus la discorde, la haine, les vengeances, les proscriptions.

La religion de nos pères et la nôtre conserve la juste prérogative qui lui est due, et la seule qui puisse se concilier avec l'admission de tous les cultes; elle est déclarée la religion de l'État. Cette religion sainte, dont les divines maximes prescrivent la tolérance et l'union, recouvrera une nouvelle et durable splendeur, par l'exercice des vertus pacifiques de ses ministres.

Le soin de pourvoir à leur existence convenable et honorable est un devoir spécialement imposé par la Charte au Gouvernement, et dont l'accomplissement devient de plus en plus pressant par la diminution des pasteurs et l'insuffisance de leur traitement actuel.

Le Gouvernement étendant ses regards sur toutes les parties de l'administration, dont il est le point central, et embrassant à-la-fois toute l'étendue des besoins, et toute celle des ressources, peut seul combiner les moyens efficaces et les remèdes réparateurs, soit par des ordonnances, soit par des projets de loi sur les objets constitutionnellement susceptibles de cette forme. Il s'est déja empressé de proposer la destination de l'extinction des pensions ecclésiastiques et des rentes viagères à l'amélioration du sort des ministres essentiels à l'exercice du culte; cinq millions ont été ajoutés, par le budjet dernier, à ceux des budjets précédents. La sage répartition développée dans la dernière ordonnance du Roi consolide l'espérance que de semblables et successives additions qui, par leur conversion en rentes immobilisées, pourroient assurer une propriété incommutable, complèteront bientôt la somme nécessaire à l'existence convenable et honorable de tous les pasteurs, des chanoines, des grands-vicaires, des évêques, et à subvenir aux frais indispensables des séminaires destinés à renouveler la milice religieuse (1).

Les ministres de l'Église, animés d'un zéle pur et éclairé, apercevront dans les dispositions proposées, adoptées et suivies par le Gouvernement, les vrais, les seuls moyens d'atteindre promptement un but aussi important; ils reconnoîtront que toutes les

(1) Depuis la première édition de cet ouvrage, la loi du 25 mars 1817 a décrété la destination de quatre millions du produit des bois aux établissements ecclésiastiques.

autres mesures tendroient bien plus au rétablissement de la hiérarchie politique du clergé qu'au rétablissement réel de la religion et au maintien d'une hiérarchie toute religieuse, la seule qui convienne aux vrais intérêts du ciel et de la terre. — Une carrière honorable ne fondera plus l'émulation des ministres essentiels à l'exercice du culte que sur l'accomplissement des plus saints devoirs; les pasteurs de la troisième classe espéreront leur promotion successive à la seconde, ceux de la seconde à la première; les curés de canton pourront exercer, sous la direction des évêques, une sorte de surveillance sur leur succursaux; une juste considération accompagnera les uns et les autres pendant le cours de leurs travaux. Le chapitre assemblé autour de l'évêché offrira à leur vieillesse un asile honorable: la mitre épiscopale ne brillera plus en vain à leurs yeux, et pourra devenir l'objet de leur pieuse ambition. — Les peuples qui ne craindront plus le renouvellement des dîmes ni la dépossession de leurs propriétés acquises, ne conserveront plus d'injustes préventions contre les ministres de l'église, ils les honoreront et les chériront; les enfants ne les écarteront plus de la maison paternelle, les pères les leur amèneront pour en assurer mieux le respect dû à la paternité; ils exciteront les riches à faire l'emploi de leur fortune le plus convenable à la société, ils exhorteront les pauvres à un travail utile, ils secourront les plus nécessiteux, et présenteront à tous les plus douces consolations: la religion, ainsi pratiquée par eux, ne sera plus qu'une religion de paix, d'union, de concorde; elle sera respectée et aimée, et elle deviendra le lien précieux de tous les devoirs sociaux.

L'inviolabilité des Propriétés.

C'est d'après le plus sérieux examen, fait par la plus profonde sagesse, que l'assimilation des biens appelés nationaux aux autres propriétés a été prononcée.

Le spectacle de la spoliation d'un grand nombre de familles, qui avoient presque toutes professé ou défendu la cause de la royauté, a excité sans doute dans le cœur du Roi la plus vive sensibilité, dont il n'a cessé de multiplier les plus touchans témoignages; mais, en père commun de l'immense famille dont il doit assurer le bonheur, c'est sur l'intérêt général de la nation qu'il a dû essentiellement fixer son attention; c'est sur la plus sage combinaison de justice et de prudence éclairée que se fonde son inaltérable détermination. Un Gouvernement oppresseur a prononcé la loi de la confiscation et celle de la vente des biens confisqués, il a sans doute imprimé sur lui un caractère odieux; mais les acquisitions faites en vertu de lois qu'il a promulguées ne doivent-elles pas être maintenues? — En prononcer l'illégalité, ne seroit-ce pas ouvrir la voie à une foule immense de réclamations qui se fonderoient toutes également sur l'injustice des opérations d'un tel Gouvernement? ne seroit-ce pas faire naître de nouvelles sources de discorde, de trouble, et éloigner peut-être à jamais le calme si nécessaire après de si terribles orages? Le premier besoin de la nation est la tranquillité publique, sans laquelle l'ordre ne peut pas se consolider, la confiance s'affermir, la prospérité se développer, l'indépendance nationale s'assurer. — Le rétablissement de cette tranquillité, si importante sous tous les rapports, est donc évidemment le premier devoir du Roi. — L'intervalle de vingt-cinq ans a uni l'intérêt des premiers acquéreurs de biens appelés nationaux à celui d'un beaucoup plus grand nombre d'individus, par l'effet des transactions, des successions, des partages, et augmenté d'une manière incalculable la masse des exaspérations auxquelles la dépossession pourroit donner lieu; cette opération, caractérisée juste par les uns, et injuste par les autres, n'en propageroit pas moins les discordes, les haines; et le but essentiel, sous tant de rapports, de la plus prompte tranquillité, ne seroit pas atteint.

Les sages inspirations de la prudence éclairée n'ont pas plutôt prononcé la sévère, la douloureuse, mais en même temps l'indispensable décision de l'irrévocabilité, que les émanations de la plus juste sensibilité reprennent toute leur influence ; le grand bienfaiteur de l'humanité qui a décrété à jamais l'abolition de l'odieuse loi des confiscations ne peut manquer d'en protéger efficacement les victimes. Le cœur du Roi, si connu, si manifesté, s'empressera, n'en doutons pas, de provoquer, aussitôt que les plus impérieuses circonstances pourront le permettre, une convenable indemnisation. — Le vœu de sa bienfaisance ne recueillera pas moins de suffrages que l'expression de sa prudence et de sa justice éclairée ; c'est dans ses bras paternels que s'éteindra le flambeau des haines, que se dissipera le germe des dissentions ; et l'hommage unanime à ses vertus deviendra le lien commun de tous les intérêts,

Maintien des Lois existantes.

« Le Code civil et les lois actuellement « existantes qui ne sont pas contraires à la « Charte resteront en vigueur jusqu'à ce qu'il « y soit légalement dérogé. »

Le sage préambule de l'ordonnance du Roi, qui prescrit de substituer à la tête des Codes le nom le plus justement vénéré au nom le plus odieux, annonce que son intention n'est pas d'en proposer la refonte, mais la correction de leurs défectuosités, et qu'il s'en occupe essentiellement. Les Chambres recevront avec confiance les émanations de la justice et de la prudence du Roi : elles lui adresseront toutes les pensées et toutes les observations que leur dictera leur zèle patriotique ; et c'est d'un commun accord, et avec le calme si nécessaire à la confection des lois, que s'opérera leur heureux perfectionnement.

L'inviolabilité de la Dette publique.

Ce principe est créateur et conservateur du crédit national, sans lequel les États les plus puissants en apparence languissent réellement, et il développe, maintient et renouvelle tous les éléments vitaux du corps politique; une longue suite d'erreurs dans les administrations précédentes en avoit depuis long-temps altéré les bases, il eût été sans doute impossible de réparer toutes les opérations désastreuses qui en ont résulté. Le Roi a dû se borner à faire comprendre dans l'état des dépenses publiques les dettes dont se reconnoissoit grevé le Gouvernement qui a cessé d'être au moment où il est remonté sur le trône de ses pères. — C'est ainsi qu'il a voulu que l'époque de sa restauration devînt celle de la restauration de la foi publique : il a proposé une loi solennelle qui assuroit l'intégralité des paiements des dettes, en leur assignant des gages; la confiance s'est aussitôt ranimée de toutes parts, et toutes les sources de la prospérité publique se sont rouvertes; nos plus précieuses espérances commençoient à se réaliser, sans la funeste invasion qui a renouvelé et multiplié nos désastres. — Le Roi rendu à nos vœux a persévéré dans les intentiens si éclairées d'assurer le crédit national par les seuls moyens efficaces; le Ministre des finances, son digne organe, n'a cessé de les renouveler. — Le principe personnel du Roi a été aussi manifesté que son inébranlable constance à cimenter le grand ouvrage de sa sagesse; c'est sur cette double base qui fonde la stabilité du Gouvernement que se fixera la confiance, que le crédit se renouvellera, et que se détermineront des emprunts nécessaires qui substitueront le poids seul des intérêts à celui des capitaux, prépareront une importante diminution dans les contributions, faciliteront le perfectionnement de quelques unes de nos lois fiscales, et après l'extinction des charges que les traités ont ajoutées à celles qui nous grevoient déja, la fixation du code des impôts. (1)

Quel consolant et salutaire résultat nous offre la loi fondamentale dont le tableau vient d'être tracé.

Le maintien de l'inviolabilité de la propriété, — La proportionnalité de l'impôt, — La liberté garantie par le pouvoir, le

---

(1) Depuis la première édition de cet ouvrage, les bases du crédit public ont été affermies par la loi du 25 mars 1817, qui décrète la consolidation de la caisse d'amortissement. — Les moyens indépendants assignés à ses premières opérations, sont fortifiés par la faculté de les augmenter du produit de la vente d'une portion des bois, et par l'affectation de la presque totalité des forêts. « Le systême d'un emprunt, com- « biné avec une caisse importante d'amortissement « présente un mécanisme aussi étonnant par sa sim- « plicité que par ses résultats, qui, d'un côté, attire « les capitaux, de l'autre les absorbe, et, en mainte- « nant et élevant par une impulsion nécessaire le taux « des valeurs fictives, régénère sans cesse des capi- « taux annihilés par leurs précédentes dépréciations, « et les reverse dans toutes les ramifications sociales,

pouvoir assuré par la liberté, — La religion consolidée par la tolérance, — La permanence de la tranquillité publique fondée sur la destruction des causes qui l'altéroient, — Le rétablissement et la conservation du crédit national sur la base d'une inaltérable bonne foi, — Le facile perfectionnement de nos lois civiles, criminelles et fiscales,

---

« où ils se reproduisent eux-mêmes par l'effet de leur « rapide circulation, raniment et multiplient tous « les établissements industriels et commerciaux, et « font jaillir de toutes parts de nouvelles sources de « prospérité. — Ce système nouveau pour nous est « devenu depuis long-temps celui de nos sages voi- « sins, et en l'adoptant nous entrons dans une route « déja frayée par les succès de leur expérience. Mais « quoique nous fassions usage du même instrument « de crédit, comme nos circonstances diffèrent des « leurs essentiellement et sous beaucoup de rapports, « nous reconnoîtrons dans la combinaison de nos « emprunts ultérieurs avec notre caisse d'amortis- « sement l'importance d'accroître promptement l'ac- « tion de la puissance absorbante. » (Opinion prononcée à la Chambre des Pairs.)

— Et les principes administratifs du Gouvernement devenant successivement aussi constitutifs que les bases mêmes de son organisation.

Rallions-nous donc tous et d'un commun accord, avec la plus juste confiance et l'oubli le plus sincère de tous les principes de nos dissentions, à la Charte constitutionnelle comme à l'arche sainte et à l'ancre du salut public; elle est le plus solide appui du trône, le plus sûr garant de notre bonheur; gardons-nous de chercher à l'altérer, ni d'essayer même encore de l'améliorer: c'est en jouissant paisiblement de ses bienfaits que la plus douce expérience nous apprendra à l'apprécier de jour en jour davantage, et que nous la rendrons indestructible. — Attachons-nous en même temps plus fortement que jamais à cette illustre dynastie, à qui nous devons tant de siècles de gloire et de bonheur, et pénétrons-nous de la précieuse influence de la légitimité sur le maintien de l'ordre social et la destruction du germe des plus funestes discordes.

FIN.

www.ingramcontent.com/pod-product-compliance
Ingram Content Group UK Ltd.
Pitfield, Milton Keynes, MK11 3LW, UK
UKHW032011260826
14628UKWH00005B/2411

9 782011 788030